Fra Polio til Ironman

Tanker om træning, om selvtillid og om livet

Bjørn Rasmussen

Fra Polio til Ironman

Tanker om træning, om selvtillid og om livet

Forlag: Books on Demand GmbH, København,
Danmark
Tryk: Books on Demand GmbH, Norderstedt,
Tyskland

ISBN: 978-87-7114-106-1

Indholdsfortegnelse

Forord

Jeg har skrevet denne bog til mig selv. Jeg har arbejdet i 44 år og er gået på pension i år 2002. I bogen vil jeg prøve at finde frem til, hvad jeg vil bruge min nyerhvervede frihed til. Jeg vil lave det jeg kan lide, og jeg vil gerne være lykkelig.

Da det meste af bogen handler om min kamp for at overvinde mit poliohandicap tror jeg, at andre, der har haft polio, vil have glæde af at læse bogen.

Mit håb er, at andre, der har haft polio, vil kunne få udbytte af at læse om mine erfaringer, og måske endda få det bedre.

Bogen handler også om, at man kan næsten alt, hvad man vil. Man skal ikke læne sig tilbage i stolen og sige. Det kan jeg ikke. Hvis der er noget man virkelig ønsker, kan man måske godt alligevel. Man sætter selv sine grænser for, hvad man kan. Der er mange forhindringer, der skal overvindes. Du må ikke selv være en af disse forhindringer.

Min barndom i Århus.

Jeg blev født 18. december 1941, under 2. verdenskrig. Der var mangel på mange fødevarer. Min mor kunne ikke give bryst. Derfor fik jeg sukkervand. Det var meget almindeligt at give små børn sukkervand dengang. Min far - Ejnar - var snedkersvend, og min mor - Ingeborg - var bogbinder.

Allerede samme måned fik jeg polio (børnelammelse). Der var en epidemi af polio på den tid, og jeg blev smittet i min første levemåned. Mine forældre har fortalt mig, at jeg var så hårdt ramt, at lægerne bad om at få lov til at lade mig dø. Det ville mine forældre ikke give lov til. Derfor kan jeg nu skrive denne bog. Polioen ramte mig i mit venstre ben. Fra hoften og nedefter.

Efter en måneds forløb var den værste fare overstået. Så vidt jeg husker har der aldrig været tale om nogen genoptræning. Én gang om året blev jeg indkaldt til Århus kommunehospital for at konstatere, om jeg var blevet svagere i mit venstre ben. Der var dog heldigvis aldrig tale om nogen forværring. Sygdommen havde dræbt nogle nerveceller i venstre ben, således at muskelstyrken i dette ben var væsentligt forringet til ca 10 % af styrken i mit stærke højre ben.

Det var et problem, da jeg kom i skole.

Skolen hed Samsøgade Skole. Den var i 3 etager, med trapper op og ned. Og trapper kunne jeg ikke lide. Jeg brugte mit stærke ben, når jeg skulle op og ned af trapperne. Det svage ben fulgte bare med.

Jeg var dårlig til gymnastik. Jeg kunne fx ikke springe buk, og løbe var jeg meget dårlig til. Jeg kan huske en idrætsdag i 5. klasse. Skolen var delt op i hold. 4 drenge på hvert løbehold. De 2 stærkeste på mit hold slæbte mig med ruten rundt. Det var hårdt og føltes nedværdigende. Jeg vidste, at mine kammerater, der var meget stærke kunne have vundet uden mig.

Noget var jeg dog god til. Jeg var en af klassens bedste til at klatre i tove. Dér kunne jeg bruge mine armkræfter, og skulle ikke bruge benene. Og så var jeg god til at hænge i ribben og trække benene om til brystet for jeg havde også gode mavemuskler.

Fodbold, som var klassens yndlingssport, var

jeg elendig til. Dog kan jeg stadig huske en dag, hvor jeg skød 2 mål, og følte mig helt på toppen. Det skete kun denne ene dag, men jeg glemmer den aldrig. Det var et lyspunkt for mig.

Jeg cyklede hver dag med mine kammerater. Jeg var meget bedre til at cykle end til at løbe. Jeg tror det er fordi, at jeg ikke kan løbe hurtigere end mit svage ben kan følge med. Jeg kan derimod cykle så hurtigt som mit stærke ben kan klare. Det giver en væsentlig forskel.

Min skolegang sluttede efter 10 år med realeksamen. Jeg var utilfreds med, at min årskarakter i gymnastik var g+. Den karakter trak min realeksamen meget ned, og var skyld i, at det ville blive sværere for mig at få et arbejde. Jeg beklagede mig over det til gymnastiklæreren, der spurgte mig "Synes du, at du er mere værd end g+?". Det måtte jeg indrømme, at jeg ikke var. Men sur var jeg.

Min tid i Kalundborg.

Trods min dårlige gymnastik-karakter var mit eksamensbevis tilstrækkeligt (mg+) til at jeg kunne blive ansat i toldvæsenet. Hvorfor søgte jeg nu ind i netop toldvæsenet? Min far, der var snedker, arbejdede sommetider på Århus Toldkammer, og han fortalte, at personalet havde det så godt, så godt. De var gået ind til "den evige hvile". Det var slet ikke hårdt som at være snedker. Min far havde set personalet sidde rundt omkring i små huler på toldkamret og rigtig hygge sig.

Jeg blev ansat på Kalundborg Toldkammer. Toldforvalteren viste mig rundt i bygningen. I vejerboden løftede han et 10 kg lod op og spurgte: "Ved De hvad det er? Det er en tolders tunge lod". Jeg lo høfligt.

Jeg skulle arbejde på toldkassererkontoret. Kontoret blev ledet af en overtoldassistent, og foruden mig, der var 1.års elev, var der ansat en 2.års elev samt to kontorassistenter. De fortalte mig at overtoldassistenten, der hed H.K.H. Herler, skulle tituleres hr. overtoldassistent Herler. De fnisede og fortalte, at "H.K.H." betød "Hans Kongelige Højhed". Skik følge eller land fly. Jeg titulerede manden som han ønskede det.

Som 1.års elev var det min pligt at passe fyret. Hver aften fyldte jeg koks på fyret, og sørgede for, at ilden holdt til næste morgen, hvor jeg mødte i god tid før de andre og fyldte op med koks, og skruede op for varmen.

For ikke at halte har jeg altid fået sat en ekstra hæl på min venstre sko. Skomageren i Kalundborg fortalte, at staten betalte for at jeg kunne få håndsyet et par sko. Det måtte jeg prøve. Den højre normale sko blev pæn. Den venstre lignede en stylte og gjorde min mindreværdsfølelse større. Jeg ved ikke hvorfor jeg gik med de sko. Det var en stor fejl. Jeg gik vist nok med skoene fordi jeg havde fået at vide, at de var meget dyre. Jeg kunne ikke være bekendt ikke at gå med dem. De holdt ca. 2 år, så ud i skraldespanden med dem. Jeg gik tilbage til mit gamle system, dvs. almindelige sko med en ekstra hæl under venstre sko.

Af hensyn til ens selvtillid (i hvert fald min) er det vigtigt, at skoene ser ens ud. Derfor køber jeg i dag kun sko, hvor der er plads til en ekstra sål inden i skoen.

Jeg flytter til København og Ølstykke.

Da jeg var udlært, blev jeg forflyttet til hovedstaden. Jeg arbejdede ved toldvæsenet mange steder i København. Tit var jeg kun én måned hvert sted. Jeg cyklede altid til og fra arbejdet. Det var min bedste motion.

Om aftenen trænede jeg vægtløftning. Jeg var meget spinkel, og kunne ikke løfte ret meget. Men jeg kunne godt lide at træne med vægte. Det styrkede min selvtillid, at min krop blev lidt stærkere.

Jeg blev gift med Charlotte i 1964, og vi fik en søn - Martin - i 1965.

1966 flyttede vi til Ølstykke, hvor vi stadig bor. Vi spillede tennis, badminton og bordtennis, men ikke rigtigt seriøst.

Martin gik i skole i Ølstykke, og en af hans kammerater kørte på cykel i Ølstykke Cykelklub. Martin ville også gerne træne i cykelklubben, men var lidt genert og ville gerne have mig med. Det var i 1978. Vi mødtes med cykelklubben ved Gl. Ølstykke torv, og der mødte ca. 25 børn, heraf én pige. "Det ser ikke så svært ud" hviskede jeg til Martin. "Dem kan vi sagtens følge med".

Turen gik ud af Frederikssundsvej og efter ca. 2 km, var Martin og jeg sat af. Alle var kørt fra os, også den lille pige.

Vi gav dog ikke op, men mødte op ved Gl. Ølstykke torv næste gang der var træning. For hver gang vi trænede, blev vi bedre og bedre. Turene var på 5-8 km.

Cykling i Ølstykke Cykelklub (1978-1979)

Jeg kørte i Ølstykke Cykelklub i et par år. Og pludselig trænede vi ikke mere med børnene, men med de voksne. Det var hårdt. Vi købte dyre cykler med Campagnolo Record udstyr. Martin blev stærkere og stærkere. Han kunne sagtens følge med. Det var sværere for mig. Turene var nu på 50-100 km. Ud i modvind og hjem i medvind. Hvis man var sat af feltet kunne den ensomme tur hjem være hård.

Martin gad ikke cykle mere, men jeg fortsatte træningen. Jeg fik licens og var med i en del rigtige cykelløb, men kunne selvfølgelig ikke gøre mig gældende mod de barske fyre fra de københavnske cykelklubber.

Sidste dag jeg trænede i Ølstykke Cykelklub var en træningstur til Gilleleje og hjem. Turen til Gilleleje gik usædvanligt hurtigt, fordi vi denne dag havde stærk medvind. Jeg blev sat af feltet i Gilleleje. Nu skulle jeg køre ca. 50 km alene hjem i modvind. Det blev jeg så sur over, at jeg meldte mig ud af klubben.

Det gjorde nu ikke så meget, for jeg var allerede

begyndt at træne i Roskilde Cykelklubs
Motionsafdeling.

Cykling i Roskilde Cykelklub (1979-1989)

I 1979 startede Lotte og jeg i Roskilde Cykelklubs Motionsafdeling. Motionsafdelingen var delt op i et A, B og C hold. Vi trænede onsdag og søndag, og startede altid fra Roskilde Stændertorv. Der mødte ca. 30-40 mennesker op hver gang.

Til at begynde med kørte vi begge på det langsomme C-hold. Tonen var social, og man ventede altid på hinanden. Der var mange piger på C-holdet.

Hvis man skulle tisse, var det kutyme, at man (hvis man kunne cykle stærkt) cyklede alt, hvad man kunne foran feltet, besørgede, og derefter cyklede alt, hvad man kunne for igen at hente feltet. De, der ikke kunne cykle stærkt, blev der ventet på. Så standsede alle og ventede til den trængende igen var oppe på cyklen.

En af de først gange jeg var med, skulle jeg tisse. Jeg cyklede op i front og råbte: "Jeg skal tisse!". Straks var der en pige, der råbte: "Skal vi holde?". Det lo vi meget af den dag.

For mig, der var vant til at køre stærkt, var det ren hygge, og efter at have kørt på C-holdet et par gange startede jeg på B-holdet.

B-holdet passede lige til mig. Her kunne jeg gøre mig gældende. Turene var også her på 50-100 km´s længde.

Vi deltog i store motionsløb som fx Vättern Rundt i Sverige og Sjælland Rundt.

Efterhånden som jeg følte mig rigtig god satte jeg næsen op efter at køre på A-holdet. Det var næsten udelukkende cykelryttere med licens, der kørte på A-holdet.

Jeg kørte på A-holdet i et års tid, men havde svært ved at følge med. Jeg kan huske engang jeg havde kørt så stærkt i timevis at jeg fik krampe i alle benenes muskler. Jeg lå på vejen på ryggen og sprællede. Jeg kunne ikke komme op at stå. Lige meget hvad jeg gjorde fik jeg kramper. På forsiden af låret, på bagsiden af låret, i læggene og i fødderne, ja alle steder. Da jeg havde ligget der i et par minutter, kunne mine kammerater løfte mig op på cyklen og skubbe mig hjem.

Jeg trænede dagligt, men det var ikke nok. Hvad skulle jeg finde på for at blive bedre?

Jeg tænkte, at mine cykelpræstationer måske kunne blive bedre, hvis jeg også løbetrænede. Jeg startede med at løbe et par minutter et par gange om ugen. Jeg løbetrænede sammen med Lotte, og vi løb længere og længere.

Så meldte vi os ind i en løbeklub i Ølstykke. Dér løb vi en længere tur hver lørdag sammen med andre motionister. Det var god træning. Ja - lørdagstræningen var så god, at jeg ikke længere kunne følge med A-holdet på cykel om søndagen.

Løbetræning i Ølstykke løbeklub (1982-1994)

Løbetræningen foregik fra Jørlunde Skole hver lørdag. De mest ihærdige trænede alle ugens dage, men lørdagen var samlingspunktet, hvor alle mødte op. Der kom ca. 25-30 mennesker.

Jeg løb længere og længere for hver lørdag der gik. Jeg deltog også i motionsløb på 5 og 10 km. Ja selv Eremitageløbet på 13 km. Min bedste eremitagetid var 1 time 12 min. Da jeg var så dårlig til at løbe i skolen, blev jeg beruset af begejstring over, at jeg godt kunne løbe. Jeg var ikke så hurtig som mænd i min aldersgruppe, men jeg var lige så hurtig som gennemsnittet af kvinder på min alder. Når nogen spurgte om, hvor hurtig jeg var til at løbe, svarede jeg: "jeg løber udmærket for en kvinde på min alder". Pudsigt nok løb Lotte hurtigere en gennemsnittet af mænd på hendes alder.

Efter at have løbet i nogle år stillede vi op i halvmarathon distancen. Min bedste tid var 1 time 52 min i 1991. Men for det meste var jeg ca. 2 timer om en halv maraton.

Min største drøm var imidlertid at gennemføre

den fulde maraton-distance. Jeg følte, at hvis jeg, der havde haft polio, kunne gennemføre et marathonløb, ja så var jeg lige så god som alle andre. Et gennemført marathonløb ville styrke min selvtillid enormt meget. I 1988 stillede jeg op første gang ved Københavns marathon. Jeg løb i årene herefter 8 marathonløb med følgende tider:

Marathon	Tid	Bemærkninger
1988 Wonderful Copenhagen	5 timer 53 min	Jeg var den næstsidste
1989 Wonderful Copenhagen	5 timer 9 min	
1990 Wonderful Copenhagen	4 timer 41 min	Min hurtigste tid
1991 Wonderful Copenhagen	4 timer 43 min	
1991 Holger Danske	4 timer 59 min	Jeg var den sidste
1992 Wonderful Copenhagen	5 timer 2 min	
1993 Wonderful Copenhagen	5 timer 12 min	
1994 Wonderful Copenhagen	5 timer 6 min	

Lotte deltog i alle disse marathonløb, men kom altid i mål et par timer før mig. Hendes tider var mellem 3 timer 20 min og 3 timer 30 min.

Selvom jeg løbetrænede meget, kunne jeg ikke følge med mine klubkammerater i løbeklubben. Det var irriterende at møde op i løbeklubben om lørdagen sammen med 30 andre, som løb fra én i løbet af den første kilometer. Så kunne jeg løbe alene de næste 10-15 kilometer. Derfor anskaffede jeg mig en hund, som ville følges med mig. Jeg købte en borzoi i den blå avis. Han hed Aron og var en god kammerat på alle løbeturene. En borzoi er en mynde, der kan løbe meget stærkt. Det fik han nu ikke brug for, når han løb sammen med mig.

Da vi både cykel- og løbetrænede, var det naturligt for os at tænke på at deltage i en triathlon. Blot for at have prøvet det. Jeg kunne altså bare ikke svømme, så det skulle jeg lære først.

Svømmetræning

Vi meldte os ind i svømmeklubben Laksen. Da formålet med at lære at svømme var, at jeg gerne ville deltage i triathlon, skulle jeg både lære at svømme langt og stærkt. Da jeg vidste, at det er hurtigere at svømme crawl end brystsvømning, ville jeg lære at svømme crawl.

En anden fordel ved crawl er, at man ikke har brug for ligeså mange benkræfter, som når man svømmer brystsvømning. Hvis man svømmer med våddragt bliver benene løftet op til vandoverfladen, og kroppen bliver mere strømlinet. Man kan så gemme sine benkræfter til der skal cykles og løbes.

For én som mig, der ikke har ret mange benkræfter, er crawl det helt rigtige.

Jeg kunne højst brystsvømme én banelængde (25 meter) i svømme-hallen. Og nu skulle jeg som 50-årig lære at svømme crawl. Eksperterne fortalte mig, at man ikke kan lære at svømme crawl rigtigt, hvis man er over 40 år. Det passer ikke, men det tager lang tid at lære det.

Det tog mig mere end 3 måneder at lære at svømme 25 meter crawl uden pause. Men ugen efter kunne jeg svømme 50 meter, og så var der bare ingen grænser for hvor længe jeg kunne blive ved. Jeg har svømmet 10 kilometer i "svøm langt" i Ølstykke svømmehal. Det er ikke så vanskeligt. Det tager bare lang tid. Det sværeste er at lære at svømme hurtigt. Det kræver, at ens svømmestil er god.

I svømmeklubben lærte jeg også at dykke samt livredning. De andre trænede til livredderprøven, mens jeg pløjede vandet tyndt bane efter bane.

Triathlon

Den første triathlon jeg deltog i var Roskilde Cykelklubs triathlon i 1987. Distancen var 500 m svømning, 45 km cykling og 7,5 km løb. Der var 12 deltagere. Da jeg på det tidspunkt højst kunne svømme 25 meter, havde jeg aftalt med arrangørerne, at jeg skulle svømme i en svømmebane langs bassinkanten.

Det glemte arrangørerne selvfølgelig, og pludselig befandt jeg mig i den midterste bane, og vidste ikke rigtig, om jeg gad (turde) være med. Da hver bane var afgrænset af et flydetov tænkte jeg, at det kunne jeg gribe fat i, når jeg ikke kunne svømme. Jeg kravlede ned i bassinet og påbegyndte de uendelige 500 meter. Min brystsvømning var ikke god, og jeg kæmpede mig møjsommeligt frem og hvilede i flydetovet mange gange før jeg havde svømmet de 500 meter. Alle de andre var for længst færdige med svømningen, da jeg kravlede op. Cyklingen og løbet gik udmærket, men jeg kom i mål som den sidste.

Mine tider var: svømning 21.31, cykling 1.40.44, løb 52.48. Sammenlagt 2.55.03. Jeg hader, at komme ind som den sidste. Jeg var derfor opsat på at klare mig bedre en anden gang.

Jeg har altid været glad for at cykle, når materiellet har været det bedste. Cyklen vejer under 10 kg, og er forsynet med Campagnolo Record udstyr samt lukkede ringe af mærket Clement Criterium. Disse dæk kan tåle et højt dæktryk og har en lille rullemodstand.

Når jeg så hviler i triathlonstyret og kører stærkt i et højt gear – ja – så føler jeg, at jeg flyver.

I de følgende år deltog jeg i disse triathlons:

År	Triathlon	Svømning	Cykling	Løb
1988	Hørsholm	0.4 km	19.6 km	4 km
1988	Arresø	0.5 km	23.5 km	6.9 km
1988	Hillerød	1.0 km	78 km	21 km
1989	Hørsholm	0.4 km	19.6 km	4 km
1989	Arresø	0.5 km	23.5 km	6.9 km
1989	Blovstrød	0.5 km	31 km	8.5km
1989	Hillerød	1.0 km	78 km	21 km
1990	Hørsholm	0.4 km	19.6 km	4 km
1990	Køge	0.5 km	27 km	9.5 km
1990	Holbæk	1.5 km	40 km	10 km
1990	Hillerød	1.0 km	78 km	21 km
1991	Køge	0.5 km	27 km	9.5 km
1991	Holbæk	1.5 km	40 km	10 km

Ironmandistancen i Rødekro 1991 og 1992

I august 1991 stillede Lotte og jeg op til Jernmandskonkurrencen i Rødekro. I foråret 1991 havde jeg trænet så meget:

Måned	Svømning	Cykling	Løb
Januar	30 km	564 km	250 km
Februar	27 km	472 km	275 km
Marts	26 km	848 km	329 km
April	36 km	817 km	364 km
Maj	18 km	709 km	295 km
Juni	19 km	843 km	232 km
Juli	45 km	1,953 km	271 km
Total	**201 km**	**6,206 km**	**2,016 km**

Jeg havde svømmet 10 km i ét stræk, så jeg var ikke bange for svømmedistancen. Jeg svømmer også rimeligt hurtigt i min aldersklasse. Jeg var derimod bange for at få krampe under svømningen og havde derfor svømmetrænet en del i åbent vand.

Cykeltræningen var forløbet godt. Jeg havde kørt i cykelklub i mange år, og jeg var ikke bange for distancen.

Jeg havde løbetrænet gennemsnitligt 10 km om

dagen fra januar - juli måned. Heraf et par længere ture på 30 km. Jeg havde kun løbet efter først at have enten svømmet eller cyklet, evt. begge ting. Jeg var mest nervøs for løbeturen. Den vidste jeg ikke, om jeg kunne magte.

Jeg havde lavet en T-shirt til løbeturen med teksten "Polio 1941 - Ironman 1991".

Vi overnattede på et vandrehjem, hvor vi skulle sove i en 6 mandsstue. Men jeg kunne ikke sove. Jeg svedte hele natten, og vendte dynen mindst 50 gange for at få den mindst våde side nedad. Jeg læste lidt ind imellem, for at prøve om det kunne gøre mig søvnig. Da det endelig blev morgen havde jeg ikke sovet bare 5 minutter hele natten.

Da jeg bar mit grej på plads om morgenen, følte jeg mig nøjagtigt ligeså træt som efter en halvmarathon. Men nu var jeg kommet til stedet. Jeg havde trænet hårdt i et halvt år. Jeg ville ikke give op allerede inden starten.

Den 10. august 1991 kl. 7 gik vi i vandet, der var 21 grader varmt. Efter ca. 1 km svømning fik jeg kramper, der herefter aldrig forsvandt. Efter ca. 3 km blev kramperne så stærke, at jeg måtte opgive.

Jeg blev hevet op af vandet og sejlet ind til stranden.

Selvom jeg var udgået af konkurrencen, ville jeg alligevel cykle de 180 km for at se, om jeg overhovedet kunne løbe efter så lang en cykeltur. Desuden ville det vare 13-14 timer inden jeg kunne forvente Lotte tilbage fra løbeturen.

Jeg cyklede derfor de 180 km, men kunne ikke løbe bare én meter, da jeg stod af cyklen.

Lotte fuldførte svømningen samt cyklingen, men følte ikke trang til at løbe, især fordi hun havde fået at vide, at jeg var udgået. Hun er så klog, at hun ved, at jeg ville være svær at have med at gøre, hvis hun som den eneste af os to havde gennemført.

1992

Vi ville gerne pynte os med titlen "Jernmand" og meldte os derfor til konkurrencen et år efter, den 8. august 1992.

I foråret 1992 havde jeg trænet så meget:

Måned	Svømning	Cykling	Løb
Januar	29 km	131 km	167 km
Februar	26 km	442 km	169 km
Marts	31 km	395 km	187 km
April	27 km	238 km	226 km
Maj	16 km	451 km	295 km
Juni	33 km	1,260 km	223 km
Juli	40 km	1,444 km	178 km
Total	**202 km**	**4,361 km**	**1,445 km**

Jeg havde kun cykel- og løbetrænet 70 % af, hvad jeg havde trænet året før. Hvorfor træne så meget, når man alligevel måske udgår under svømningen. I stedet eksperimenterede jeg med forskellige midler for at undgå at få krampe under svømningen.

Jeg havde i nogen tid vænnet mig til at spise et naturpræparat (fra tempeltræet Gingko Biloba), som er et middel ældre mennesker tager mod nattekrampe. Meget passende. Endvidere spiste jeg masser af vitaminer og mineraler, især magnesium.

Når jeg svømmetrænede i koldt vand i længere tid kunne jeg stadig få kramper, og det sidste jeg fandt på (en uge før konkurrencen) var at tage en tyk angora-uldundertrøje og 3 par uldunderbukser på under våddragten. Det hjalp.

Svømmeturen

Den 6. august 1992 kl. 7 om morgenen var vandet kun 18 grader varmt, og starten gik. Vi skulle svømme en 1900 meter rundstrækning 2 gange.

De første 1900 meter gik fint, men så begyndte mine ben at blive underligt stive, og jeg vidste, at jeg nu skulle passe på. Lårmusklerne vibrerede til trods for, at jeg næsten ikke brugte dem.

Der skete imidlertid ingen ting, og jeg kunne

fortsætte svømningen med tyndslidte nerver på grund af denne mærkelige fornemmelse. Hver eneste meter på resten af turen var jeg angst for, at krampen ville komme. Men det skete aldrig, og jeg var meget lettet, da jeg kunne gå i land. Svømningen tog 1 time og 20 minutter, og resten var nu en leg. Troede jeg. Efter at have gennemført svømningen var jeg helt euforisk. Jeg tog én ting ad gangen.

Cykelturen

I skiftezonen var der ikke plads til en mand, der går adstadigt hen til sit skiftetøj. Alle andre løb snublende og småbandende. Jeg nød, at jeg nu var færdig med det værste, og spekulerede på, om jeg skulle cykle med lange eller korte bukser, bluse med lange eller korte ærmer, undertrøje eller regnjakke, da det var mørkt i vejret og småregnede.

Da de øvrige jog ud på ruten kun iført badebukser og en bh-lignende overdel, valgte jeg at nøjes med korte bukser, undertrøje samt cykelbluse med lange ærmer. Det viste sig senere at være fornuftigt. Dem der overhalede mig, og det var mange, behøvede ikke at ringe med klokken. Jeg kunne på lang afstand høre deres tænder klapre.

Nå - op på cyklen og ud på herlige 180 kilometer enkeltstart. Da jeg er en elendig løber, og jeg har svært ved at løbe efter en lang cykeltur, havde jeg bestemt mig for at cykle i et tempo, hvor jeg ingen kræfter brugte. Det gik meget godt de første ca 50 km, hvor der var medvind, men da der herefter kom en kraftig modvind (45 km med modvind), måtte jeg revidere strategien. Hvis jeg ingen kræfter brugte, gik cyklen i stå. Jeg prøvede at holde ca 25 km i timen, men det var ikke let. Ruten var også her en rundstrækning vi skulle igennem 2 gange.

Jeg sad 7 timer 36 min på sadlen, og min gennemsnitshastighed var 24 km i timen.

Sidst på ruten kom Lotte farende forbi mig og

fortalte, at der var mange bag os, som hun havde overhalet. Det var jo fint.

Marathonløbet

Det var dejligt at aflevere cyklen, da jeg var færdig med cykelturen. Jeg tænkte: Nu er jeg jo næsten færdig. Jeg skal bare lige skifte tøj, og så løbe de sidste 42 km, hvor man jo nok bliver båret rundt af tilskuernes jubelråb.

Løberuten var delt op i fire distancer af 10,55 km, og efter hver omgang, skulle man gennem stadion. Altså fire omgange på samme rute.

Jeg startede på løbeturen sammen med Lotte, og vi fulgtes ad i ca 10 sekunder. Det var vel nok hyggeligt.

Ved første depot drak jeg 2 kopper Isostar, da jeg syntes, at jeg havde brug for mere energi end vand kunne give. Den Isostar (som jeg senere fik at vide var blandet i et alt for stærkt blandingsforhold) gjorde, at jeg fik sure opstød og ondt i maven ligesom alle de andre, der drak den.

Disse maveproblemer holdt sig de første 10 km, hvor jeg imidlertid løb det meste af tiden.

Det gik helt godt, og der var masser af løbere på

ruten. Cirka halvdelen af dem så uhyggeligt friske ud. Det var dem, der var med i en stafet. F eks var der en del, der var med i en familiestafet. Far svømmede, mor cyklede, og junior løb.

Dem der lavede det hele lignede mest af alt hængte katte. Vandrende hængte katte.

Min anden omgang skiftevis gik og luntede jeg, og jeg var lykkelig, da jeg havde gennemført den halve marathon. Det tog godt 2½ time.

For at kunne kalde sig Jernmand er det en betingelse, at man gennemfører på under 16 timer.

Der var nu gået 12 timer, og mange var allerede færdige. Jeg var træt og bange for at blive skadet, hvis jeg fortsatte med at løbe. Jeg regnede med, at chancen for at gennemføre var størst, hvis jeg gik. Der var jo også tid nok.

Så begyndte min lange spadseretur. De første 10½ km (fra 21 til 32 km) gik let. Der var stadig mange på ruten. Der var depot for hver 3 km med vand og frugt og rugbrødsmadder, og en snak på sønderjysk.

Der bor ca 3000 mennesker i Rødekro og ca 600 hjalp med til arrangementet. Det var virkelig flinke mennesker. De sidste 10½ km sagde jeg tak for i dag og farvel til alle hjælpere. Der var nu kun et par "løbere" bag mig, og det var blevet mørkt.

Det værste var de sidste 3 km, som gik gennem en mørk uoplyst skov. Modkørende biler blændede ikke ned, og jeg måtte gå langsomt, da jeg ikke kunne se, hvor jeg gik.

Det var dejligt, da jeg nåede frem til det oplyste stadion. Dér var fuldt af glade mennesker, og Lotte gav mig en stor buket blomster (som hun selv tidligere havde fået).

Jeg kom i mål på 15 timer 56 min. Jeg var glad for, at jeg ikke var den sidste. Det styrkede min selvtillid meget, at der kom to i mål efter mig. De klarede den også under de 16 timer.

Lotte fik bronchemedalje i sin aldersklasse, så hun var meget tilfreds. Hun gennemførte på 13 timer 44 min.

Det var en meget stor oplevelse, men jeg gør det ikke igen.

Bjørn ser på sit stopur. Tiden viser 15:56:22.

Mine tider var:
svømning: 1 time 22 min. 06 sek.,
cykling: 7 timer 54 min. 35 sek.,
løb: 6 timer 39 min. 41 sek.

10 år efter
Løbetræning med hund.

Hvorfor løbetræner jeg? Mennesket er skabt til at løbe. Det har været nødvendigt for at kunne overleve. Når man løber bruger man alle sine muskler væsentligt mere end når man går. Mine intentioner er at løbe en tur hver dag. Sommetider er jeg træt og har ikke lyst til at løbe. Der står vist nok noget i bibelen om, at "ånden er stærk, men legemet er skrøbeligt". Man vil egentlig gerne løbe, men er for træt til det.

Jeg siger ikke til mig selv. "Skal jeg løbe i dag, eller er jeg for træt?". Jeg siger: "Hvor langt skal jeg løbe i dag?". Hvis jeg er rigtig træt, løber jeg kun en halv kilometer. Men så skal jeg også være meget træt. Normalt kan jeg altid løbe mindst én kilometer.

Selvfølgelig løber jeg ikke, hvis det gør rigtigt ondt med en stikkende smerte, men almindelig ømhed må ikke være en forhindring. Det er almindelig kendt, at man helst skal løbe dagen efter et marathonløb for aktivt at hjælpe med til at få stivheden væk. (Måske lidt på samme måde som nogle anbefaler en pilsner, hvis man vågner op med tømmermænd).

Jeg kan godt lide at løbe med mine hunde. Vi får snakket så godt sammen. Og vi får løst alle vore (mine) problemer. Jeg har 3 hunde. Lady, en engelsk setter på 8 år. Endvidere Boris og Babuska, der er søskende født den 4. maj 2001. Boris og Babuska er af racen Borzoi, også kaldet russisk mynde eller sibirsk ulvehund. Jeg går eller løber helst med dem hver for sig. Så har jeg og hunden størst samhørighed, og den opfører sig bedst overfor andre hunde. To hunde kan hidse hinanden op, når de møder en fremmed hund. Det vil jeg helst være fri for.

Min første borzoi hed Aron. Jeg fik ham, da han var 2 år. Han var simpelthen den skønneste hanhund, man kan tænke sig. Borzoi'en er en russisk mynde. Den er ret sjælden i Danmark. Det er en aristokratisk hund.

Lotte og Aron

Aron gik næsten aldrig i snor. Han var en eksemplarisk hund, som altid lystrede. Han var meget hengiven og venlig imod alle mennesker og alle hunhunde. Han elskede hundehvalpe og børn. Som en ægte hanhund kunne han godt finde på at sætte andre voksne hanhunde på plads, hvis de ikke respekterede ham. Han har dog aldrig skadet nogen anden hund.

Det er egentlig mærkelig med en hanhund. Den kan li´ de fleste andre hanhunde, men så er der pludselig én den ikke kan li´. Det har vi mennesker ikke mange muligheder for at gennemskue. Vi prøver og prøver, men vi gætter meget tit forkert.

En borzoi kræver ikke så meget motion, som man kunne tro. Jeg har en engelsk setter, Lady, der gerne vil luftes hele tiden. Det er anderledes med en borzoi. Den sætter meget pris på hjemlig hygge. Halvdelen af de gange jeg gik tur med Lady, ville Aron hellere blive hjemme i sofaen.

Jeg har løbetrænet meget med Aron. Jeg løber ikke særlig hurtigt. Hvis jeg løbetræner med andre løbere, forsvinder de ud i horisonten. Aron var en tro følgesvend på alle mine løbeture i 6 år. Han ventede altid på mig.

Da Aron døde 8 år gammel, efterlod han et tomrum. Jeg prøvede at klare mig med kun én hund, den engelske setter, Lady. Lady er meget kærlig, men det er mest min hustrus hund.

Jeg klarede mig uden en borzoi i ½ år. Så vågnede jeg pludselig op en nat, og savnede min borzoi meget. Jeg gik ind til min computer, og ledte efter en borzoihvalp. Der var kun ét hvalpekuld i landet. Da jeg så billederne af hvalpene på Internettet, var jeg solgt. Hvalpekuldet bestod af 3 hanhunde og 1 hunhund.

Da vores engelske setter er en hunhund, mente jeg, at det nok ville være mest praktisk, at få en borzoihunhund. Jeg havde været utrolig glad for min borzoihanhund, men syntes, at det ville være spændende at få en borzoihunhund.

Dagen efter købte jeg den lille borzoitæve. Den hedder Babuska, det betyder "bedstemor" på russisk. Den blev hurtigt gode venner med min engelske setter Lady. Men Lady var en ældre hund, som ikke gad lege hele tiden med Babuska.

Babuska opførte sig eksemplarisk. Den var så god og rar, at jeg gerne ville gøre noget ekstra for den. Et halvt år senere købte jeg derfor en af Babuskas kuldbrødre, som ikke var blevet solgt af kennelen. Den hedder Boris. Det har jeg ikke fortrudt. Babuska og Boris er de bedste venner, og det er dejligt at se dem lege sammen. De er uadskillelige.

Babuska

Når Boris og Babuska leger, markerer de hele tiden bid i nakken og struben. Det ser drabeligt ud, men er helt uskadeligt. De er ligesom dygtige karatekæmpere, der blot markerer slag og spark uden at skade modstanderen. De ved helt nøjagtigt hvor langt de kan gå uden at skade modstanderen.

Når Boris derfor møder en fremmed hund og han vil lege, ja så farer han frem og markerer bid i strube og nakke, som han nu er vant til når han leger med Babuska. Det kan fremmede hundes ejere bestemt ikke lide. Hundene har sjældent noget imod det. Men ejerne - uha. Derfor går jeg helst med Boris i snor, når vi møder fremmede hunde. Ikke af hensyn til hundene. De finder ud af det. Men af hensyn til ejerne, der frygter det værste. Jeg forstår dem godt. Boris er en meget stor hund.

Vi har prøvet at træne borzoierne på en hundevæddeløbsbane ved Roskilde. Babuska brød sig ikke om det, men Boris elskede at løbe på bane. Han var dog for høj til at starte i startboksene, der kun er beregnet til greyhounds. Han kunne derfor ikke løbe med nummer på ryggen i rigtige hundevæddeløb. Det tror jeg ellers gerne, at han havde villet. Han kan godt lide at blære sig med, hvor hurtig han er. Noget andet er, at jeg egentlig hellere selv vil løbe med Boris, end blot at stå og se på at han løber. Derfor holdt vi op med at gå til hundevæddeløbstræning.

Hvor er jeg netop faldet for borzoiracen? Min engelske setter Lady er lige så god at løbe sammen med. Måske nemmere. Den er ligeglad med hvem den møder af andre hunde. Den interesserer sig kun for fugle, især solsorter. Når jeg går tur med Lady, snakker vi sammen om alle de solsorter vi møder. Lady går helst langs ligusterhækkene, hvor solsorterne sidder. Og helst i skumringstimen, når solsorterne gerne vil sove i hækken. Så lister Lady og jeg langs hækkene meter for meter for at se, om der skulle sidde en solsort, som vi kan få til at flyve. Det er egentlig synd for fuglen, som får sin søvn ødelagt, men Lady elsker det.

Boris og Babuska danser

Jeg er faldet for borzoiracen, fordi borzoien er så smuk og yndefuld som ingen anden hund. Den er lynhurtig. Måske fordi jeg har haft polio og selv gerne ville være hurtigere, beundrer jeg borzoien, som besidder den hurtighed og ynde, jeg gerne selv ville have. Når borzoierne leger, er der så meget fart på, at man selv skal stå helt stille. Hvis man flytter sig til siden, når de kommer farende med 70 km i timen, risikerer man, at man har flyttet sig til den forkerte side, hvilket kan få fatale følger.

Derfor lader jeg heller aldrig borzoierne løbe og lege, når der er børn i nærheden. "Gør de noget, siden de er i snor", er der nogen der spørger. "Nej, de bider ikke, men det er heller ikke sjovt at få brækket en arm eller et ben, hvis en hund løber ind i et menneske!".

Borzoierne løber ikke ind i nogen, hvis de kan undgå det. De undviger eller springer over. Jeg har i fjernsynet set en borzoi være den hund, der kan springe højest. Den sprang over 1,60 m. Men en person, der går et skridt til den forkerte side i sidste øjeblik, er svær at undgå.

Lady, Boris, Babuska og Bjørn

Min bil

Jeg har det lidt på samme måde med biler som med hunde. Jeg kan bedst lide smukke og hurtige biler. Derfor købte jeg en Porsche 911 fra 1976. Den er i dag 26 år gammel. Men trods dens alder kan jeg godt lide dens udseende. Den har smukke linier. Og jeg kan godt lide at høre motoren, der knurrer dybt i tomgang. Det lyder nøjagtigt, som når Boris knurrer.

Porschen er lige som borzoien ekstrem hurtig og smuk. Egenskaber jeg gerne selv ville besidde. En psykolog kunne få meget ud af sådanne oplysninger.

Jeg kører ikke hurtigt i Porschen. Bare det at vide, at den kan køre hurtigt, er nok for mig. Jeg har en garage i haven, hvor den kan stå beskyttet, hengemt hele vinterhalvåret. Men det dur ikke for mig. Den skal stå under carporten uden for mit køkkenvindue ved min indgangsdør, så jeg kan glæde mig over de smukke linier hele tiden. Den er som en skulptur. Jeg behøver ikke køre i den, men jeg vil nyde synet af den. Ligesom jeg nyder synet af mine borzoier.

Nogle kalder en sportsvogn for en potensforlænger. Det kan da godt være, at der er noget om det. Der er for mig ingen tvivl om, at det at jeg har en Porsche, og også det, at jeg har borzoihunde, siger noget om mig. Jeg tror selv, at det inderst inde har noget at gøre med, at jeg har haft polio, og at jeg inderst inde ønsker at besidde hurtighed og ynde i stedet for det at være langsom og halt. Mennesket ønsket at være fuldkommen. Fuldkommen i sjæl og legeme. Det er det vi inderst inde stræber imod.

Boris har taget selen på og er køreklar.

Benbøjninger

Min aktuelle styrke i mine ben i 2003.

Øvelse	Venstre ben	Højre ben	Venstre ben % af højre ben
Når jeg står op og bøjer benet op (leg curl)	1 kg	10 kg	10%
Når jeg ligger på bænk på maven, og bøjer benet op (leg curl)	2 kg	20 kg	10%
Når jeg sidder på bænk og løfter benet op (leg extension)	17½ kg	40 kg	44%
Når jeg ligger på gulvet på ryggen med strakt ben som jeg løfter	2½kg	10 kg	25%
Når jeg ligger på gulvet på ryggen med knæet på brystet, og løfter benet op (leg extension)	2½ kg	11 kg	23%
Når jeg presser I benpresmaskinen (leg press)	48 kg	125 kg	38%

De muskler jeg bruger til leg curl, er de samme muskler, der driver mig frem ved løb. Det vil sige, at mit svage ben kun har ca 10 % styrke, når jeg skal løbe. Derfor kan jeg ikke spurte. Og da det er det svage ben, der bestemmer hastigheden ved løb, kan jeg kun løbe i et adstadigt tempo.

De muskler jeg bruger, når jeg laver leg extention er de samme muskler jeg bruger, når jeg cykler. Da mit svage bens strækkemuskler udgør ca 30 % af højre bens styrke, og det i øvrigt er det stærke ben, der bestemmer hastigheden, cykler jeg udmærket.

Mit venstre ben er ca 2 cm kortere end det højre. Omkredsen af venstre bens lårmuskel er ca 36 cm. Omkredsen af højre bens lårmuskel er ca 52 cm. Omkredsen af venstre bens lægmuskel er ca 26 cm. Omkredsen af højre bens lægmuskel er ca 34 cm.

Når man har haft polio, gælder ens ønsker om fuldkommengørelse først og fremmest at formindske sit handicap. Har man haft polio i det ene ben, vil man blive lykkeligere, hvis man selv tror på, at man bliver gradvist stærkere i det svage ben. Jeg tror ikke, at det betyder så meget, at man reelt bliver stærkere, som det, at man tror på, at man bliver stærkere. Troen kan flytte bjerge.

Den bedste måde at opnå styrke i benene er, at lave benbøjninger, såkaldte squats. Jeg har på en internetside om ChiLel, også kaldet ChiNeng Qigong, der er en slags Chi Kung, læst at benbøjninger kan helbrede næsten alle sygdomme. Første gang man hører om sådanne udtalelser, ryster man på hovedet. Men når man som jeg flere gange læser om folk, der hævder at være blevet helbredt for alvorlige sygdomme, ved at lave 100 benbøjninger dagligt, begynder man at undre sig. Måske begynder man selv at lave benbøjninger.

Jeg har i et halvt år lavet 100 benbøjninger hver aften lige før jeg gik i seng. Øvelsen gik egentlig ud på at lave 100 benbøjninger i 100 dage. Hvis man glemte det bare én dag, skulle man starte forfra. En gang glemte jeg det, men vågnede op midt om natten, og lavede mine 100 benbøjninger. Jeg ønskede ikke at begynde forfra. Da jeg havde gennemført de 100 dage fortsatte jeg, indtil der var gået ca et halvt år.

For tiden laver jeg kun 25 benbøjninger dagligt. Hvorfor kun 25? Jo, 25 benbøjninger tager ikke så lang tid, og jeg får ikke lyst til at give op. 100 benbøjninger tager lang tid, og til sidst blev det en pestilens at skulle igennem det, lige før jeg skulle sove. Det var så hårdt for mig at lave disse benbøjninger, at jeg udskød øvelsen til jeg skulle i seng. I øvrigt måtte jeg tage næsten alt tøjet af, når jeg skulle lave 100 benbøjninger, for efter de 50 var jeg gennemblødt af sved.

Jeg har for mange år siden købt en brugt maskine til legpress (benpres). Maskinen fylder meget (2,5m x 1,8m). Virkeligt et skrummel, som min kone hadede at have stående i huset. Så flyttede jeg maskinen ud i et udhus i haven. Den stammede fra et nedlagt vægttræningscenter.

Maskinen er god til at træne benene uden at risikere at blive skadet. Jeg har tidligere trænet benbøjninger med en vægtstang på nakken. Men da mit stærke ben er 4-5 gange stærkere end det svage, risikerer jeg at komme skævt op, og at det skæve løft går ud over ryggen.

Når jeg træner i legpress-maskinen ligger jeg på ryggen og presser benene opad. Jeg presser ca 100 kg op. Da jeg selv vejer 60 kg, giver det mere træning end at lave benbøjninger. Jeg træner for øjeblikket med legpress-maskinen ca 2-3 gange om ugen. Hver gang 3 sæt af 8-10 repetitioner.

Jeg tror på, at det er vigtigt at spænde for at kunne slappe af. Efter at have lavet benbøjninger eller anden form for vægttræning, er jeg god til at slappe af. Min hvilepuls bliver lavere, når pulsen kommer højt op nogle gange om dagen.

De mennesker, der har lavest hvilepuls, er sportsfolk. Når legemet kan præstere meget, er legemet også god til at slappe af. Og det er vigtigt at kunne slappe af, for at få en sund sjæl og et sundt legeme.

Jeg har solgt min legpress-maskine og træner nu benpres i et motionscenter.

Her presser jeg 8x20 kg = 160 kg

Som du kan se på billedet, er mit venstre ben tyndt, men der er alligevel lidt lårmuskler at gøre godt med.

På denne måde kan man træne benene uden at belaste ryggen.

Yoga

Jeg har altid interesseret mig for yoga. Mest Hathayoga. Hver dag træner jeg hovedstand (sirshasana), skulderstand (sarvangasana), benstrækket (paschimotana) godt imod hekseskud, og rygradsdrejningen (ardha-matsyendrasana). Alle 4 øvelser tager tilsammen højst 5 minutter at lave.

Jeg har tidligere lavet flere yogaøvelser, men jeg synes ikke, at jeg fik så meget ud af at lave dem, derfor holdt jeg op. Nogle vil selvfølgelig med rette kunne sige, at jeg mangler andre vigtige yogaøvelser. Disse 4 øvelser er mit valg, og "hovedvægten" er lagt på at stå på hovedet.

Chi Kung og Tai Chi

Chi Kung er mange ting. Det er et kinesisk system, der omhandler lægevidenskab, martial arts, åndelige øvelser mm. Yoga er én form for Chi Kung, benbøjninger en anden form for Chi Kung. Karate eller Kung Fu er også en form for Chi Kung.

Jeg har i et par år dyrket Tai Chi, der er kendt for at være en slags bevægende meditation. Men det er faktisk et gammelt kinesisk selvforsvarssystem, og det hævdes at det er helbredende at udføre Tai Chi. De første år lærte jeg kun den almindelig kendte langsomme Tai Chi. Efter 2 års forløb lærte jeg også en hurtig form for Tai Chi. Jeg gik til Tai Chi samtidig med at jeg gik til karate. Det er svært at gå til 2 forskellig former for kampsport på en gang. Man kan ikke lade være med at foretage sammenligninger. Og disse sammenligninger faldt for min parts vedkommende klart ud til karatens fordel.

Karate

Jeg har kun været oppe at slås 'en gang i mit liv. Det var i første klasse, hvor klassekammeraterne hidsede en klassekammerat og mig op imod hinanden. Ingen af os kom til skade, bortset fra at min modstander fik næseblod.

Da min kone og jeg havde gennemført en Jernmand i 1992 sagde vi til hinanden. Det gider vi ikke mere, hvad så? På min kones arbejde var der en kollega, der dyrkede Shotokan Karate. Han havde sort bælte og talte meget om fordelene ved at træne karate.

Det var min kone, der gerne ville prøve karate. Men jeg sagde straks ja. Her var der noget, som måtte kunne styrke min selvtillid. Jeg spurgte formanden for karateklubben, om han mente, at jeg, der havde haft polio, og som ikke havde ret mange kræfter i det ene ben, kunne træne karate. Det mente han nok, at jeg kunne, hvis jeg selv ønskede det.

Vi startede med at gå til karate 1993. Vi startede i træningsdragt på et begynderhold med ca 20 andre begyndere. De andre var gennemsnitlig 20 år gamle, og jeg var 51 år gammel. Nogle havde gået til karate, kickboksning eller thaiboksning før. Enkelte kom bare for at slås. Det var en hård tid for mig. En af de værste elever havde trods sin unge alder trænet mange former for kampsport før.

Min kone og jeg aftalte, at vi i hvert fald ville op til den første graduering (prøve). Så kunne vi til den tid tage stilling til, om vi ville fortsætte.

Vi klarede at holde ved det første halve år og kunne udskifte vores hvide bælte med et farvet. Og vi blev ved. Mange på vores hold holdt op. Den barske fyr holdt op efter ca et års forløb. Vores hold blev mindre og mindre, og blev slået sammen med andre hold. Vi fik grønt bælte og senere violet bælte, og vi aftalte, at vort store mål var at få det brune bælte.

Da vi havde opnået det brune bælte (3 kyu) synes vi, at vi godt kunne fortsætte lidt endnu.

Bæltefarverne har følgende værdi:

Hvid:	10 kyu
Gul:	9 kyu
Orange:	8 kyu

Grøn:	7 og 6 kyu
Violet:	5 og 4 kyu
Brun:	3, 2 og 1 kyu

Efter en del træning med brunt bælte blev vi 2 kyu og senere 1 kyu, som er det højeste før sort bælte. Min kone trænede karate i ca 5 år, men ønskede ikke at gå op til graduering for at få sort bælte. Hun havde ikke noget at skulle bevise. Hun holdt op med at træne karate og trænede i stedet Tai Chi.

Jeg fortsatte med karaten. Jeg havde noget at skulle bevise. Mit ønske var at være ligeså god, ja måske bedre end alle andre til trods for, at jeg havde haft polio. Ligesom med marathon og triathlon var det, at jeg havde haft polio, der drev mig frem. Jeg trænede 3 gange om ugen i et par år.

Jeg fik lov til at prøve at graduere til sort bælte januar 1999. Det foregik på en weekendlejr, og en japansk karateekspert af høj rang deltog i gradueringen, foruden de to højest graduerede danske senseis. Der var træning hele lørdagen og søndag formiddag. Gradueringen foregik søndag eftermiddag.

Bjørn og Lotte træner i haven mens Lady ser på.

.

Det var fristende kun at deltage noget af tiden, men jeg var blevet fortalt, at den japanske karateekspert nøje lagde mærke til hvem der kom og hvem der blev væk. Valget var: Ville man møde op til al træningen, og være træt ved gradueringen, hvor man fik brug for alt, hvad man havde. Eller ville man snyde lidt med træningen, og møde op til gradueringen med alle kræfter i behold. Jeg valgte det første og mødte op til al træningen.

Gradueringen var hård at komme igennem. Vi startede med kihon, hvor vi skulle vise, at vi mestrede en lang række stød og slag samt mange forskellige spark. Spark er min svage side. Det er svært for mig, at holde balancen på mit svage ben, mens jeg sparker med det stærke. Jeg kom igennem det.

Dernæst holdt graduøren en blyant løst mellem to fingre. Jeg skulle slå med fuld kraft imod blyanten, og lige netop røre den, men hvis jeg slog blyanten ud af graduørens hånd, ja - så ville jeg dumpe, var jeg blevet fortalt. Jeg slog ca 10 slag uden at blyanten faldt på gulvet. Piece of kake, siger man bagefter.

Så skulle vi lave kata. Min favoritkata var Kanku Dai, som har ca dobbelt så mange bevægelser som de andre kataer. Ingen andre var så dum at vælge Kanku Dai. Kun mig. Mit problem var, at da alle andre var færdige med deres kata, kunne alle følge med i, hvad jeg lavede. Nå - jeg har altid sagt, at man ikke skal springe over, hvor gærdet er lavest.

Herefter valgte graduøren en kata hver af eleverne skulle udføre. Han valgte den nemmeste til mig. Det var jeg ham taknemmelig for.

Så skulle vi vise hvad vi kunne i Jiyu Ippon Kumite (kamp). Jeg var langt den ældste, og fik den næstældste som modstander. En ordentlig tamp på ca 40 år. På et tidspunkt fik jeg et spark i maven, som løftede mig en meter i vejret, men jeg landede på benene, og lavede hurtigt et kontraangreb.

Jeg kom igennem første halvdel af nåleøjet, men for at min hjemlige klub accepterede mig som sortbælte, skulle jeg den efterfølgende dag kæmpe imod samtlige klubmedlemmer.

Det var langt værre end weekendlejren. Mine klubkammerater blev sendt imod mig i sværme. 2 eller 3 ad gangen, uden ophold. En opnåede at sparke mig i panden, mens jeg forsvarede mig imod en andens angreb. Jeg blødte og fik et stort plaster på. Jeg kæmpede videre.

Til slut blev alle klubkammeraterne sendt imod mig på en gang. Jeg tror, at jeg kæmpede imod dem i 2 minutter. Der var nok 10-15 mand. Jeg var glad, da sensei standsede kampen. Han overrakte mig mit sorte bælte. Jeg var accepteret.

Timen var slut, og jeg kunne tage til Frederikssund skadestue for at få syet en 1½ cm lang flænge i panden. Lægen gloede mærkeligt på mig, da jeg kom ind i hvid karatedragt og med sort bælte. Men jeg var lykkelig.

Hvorfor dyrker jeg karate? Jeg er ikke særlig god til det, men det giver mig en form for selvtillid, som jeg ikke havde før jeg gik til karate. Da jeg var dreng boede jeg på 1. sal med toilet i en mørk kælder. Jeg syntes, at det var uhyggeligt at skulle på wc, og når jeg endelig var der, var jeg altid bange, når jeg skulle tilbage til lejligheden. Jeg skulle også hente koks i den mørke kælder. Det kunne jeg heller ikke lide. Jeg var mørkeræd. Jeg drømte tit, at jeg var oppe at slås.

Da jeg blev voksen fik jeg en lejlighed med kakkelovn. Igen skulle jeg hente koks i kælderen. Jeg var ikke ligeså bange som da jeg var dreng. Men lidt angst var der tilbage. Stadig kunne jeg drømme, at jeg blev forfulgt at andre, som jeg skulle kæmpe imod. Efter at jeg startede på karate er jeg ikke mere mørkeræd. Jeg drømmer heller ikke mere, at jeg er oppe at slås.

Kost og fanatisme

Jeg har været vegetar siden 1963. Jeg har altid befundet mig godt ved det, og jeg er sikker på, at det er en af grundene til at jeg har det så godt, som jeg har det. Jeg er ikke fanatiker. Jeg kan tåle alt, men undgår helst kød.

Oprindelig blev jeg vegetar på grund af mit helbred, men i dag er det først og fremmest på grund af min respekt for dyrene.

Jeg har næsten aldrig nævnt, at jeg er vegetar. Jeg har aldrig været flov over at være vegetar, men følt det ubehageligt, når folk lidt dømmende sagde: "Han er vegetar". Hvem kunne lide, at der blev sagt om en, at "Han er kødæder". I øvrigt er jeg ikke så vild med grøntsager, så det ville være mere korrekt at sige om mig, at jeg er "brødæder", men det er der aldrig nogen, der har sagt. Det er ikke så interessant.

Apropos fanatiker. Hvad er en fanatiker? Manden, der drikker to øl om dagen, synes at ham, der drikker 10 øl om dagen er alkoholiker, og ham der slet ikke nyder alkohol er fanatiker.

Og manden, der løber 3 km om dagen, synes at ham, der løber en marathon er løbefanatiker, og at det er at øve vold mod sin krop at deltage i en Ironman.

Ham der deltager en ironman synes at dem, der deltager i en 10-dobbelt Ironman må fejle noget. (Der er virkelig en del, der har gennemført en 10-dobbelt Ironman, og de føler sig helt sikkert ikke som fanatikere).

Og den, der gør rent én gang om ugen, synes at den, der gør rent dagligt lider af rengøringsvanvid, og at den, der kun gør rent én gang om måneden, er en gris.

Der er vist ingen, der selv føler, at man er fanatiker, hverken for så vidt angår, hvad man spiser, drikker eller udøver af sport. Men de fleste er hurtige til at dømme andre som fanatikere, hvis de ikke er ligesom dem selv.

Mange er især hurtige til at dømme folk med en anden trosretning som fanatikere.

Fremtiden

Hvad forventer jeg mig af fremtiden?

Jeg vil gerne fortsætte med at træne benbøjninger, karate, yoga og løb.

Jeg vil også gerne træne med vægte. Jeg vil især gerne træne benene. Jeg vil gerne have mere styrke i mit svage ben. Venstre bens styrke er ca 10-30 % af styrken i højre ben, og venstre ben er 2 cm kortere end højre ben. Det sidste kan jeg ikke gøre noget ved, men jeg kan fortsætte med at træne benbøjninger, og jeg kan intensivere træningen med legpress-maskinen. Jeg kan træne med legpress-maskinen et par gange om ugen, og jeg kan hen ad vejen komme flere kilo på. Jeg tror, at det er vejen frem. Det nytter ikke at træne overkroppen alt for meget. Så kommer jeg til at veje mere. Mine ben kan bedst bære en overkrop, der ikke er alt for ung. Det er en fordel, både når jeg skal træne karate, og når jeg skal løbe.

Dem, der har forstand på det, siger, at man kun skal træne hver muskelgruppe én gang om ugen. Det vil sige, at jeg egentlig kun skal træne benene én gang om ugen. Det er klart, at hvis man løfter tunge vægte, skal der tid til at restituere.

Da jeg fik legpress-maskinen ville jeg se resultater. Jeg forøgede vægtene med 10 kg om ugen, indtil jeg ikke kunne løfte dem. Jeg har prøvet at sætte 200 kg på min legpress-maskine. Det var så tungt, at jeg kun kunne løfte vægten, hvis jeg samtidig skreg. Jeg holdt op med den slags træning, da jeg var bange for, at mit hjerte ikke kunne tåle det. Når jeg løfter så tung en vægt med benene, bruger jeg alle muskler i kroppen, også musklerne omkring hjertet. Det gjorde, at jeg blev øm i hjertemusklerne, og jeg turde ikke længere træne med så tunge vægte.

Jeg går ind for at træne dagligt. Når jeg så efter længere tids træning kan sætte nogle flere kilo på stangen, er jeg tilfreds. Det vigtige er, at jeg fortsætter dag for dag.

Jeg er 1.dan i karate. Det er den laveste grad, der har sort bælte. Hvis jeg vil prøve at graduere til 2.dan skal jeg bestå en række prøver. En af disse prøver går ud på, at man med spark skal forsvare sig imod 3 modstandere. En forfra, en fra højre side og en bagfra. Man skal stå på venstre ben og først sparke manden foran. Derefter skal man uden at sætte højre ben ned på jorden sparke manden, der står på ens højre side. Endelig skal man stadigvæk uden at sætte benet ned på jorden sparke bagud på manden bagved. Det kan jeg ikke. Jeg har trænet denne øvelse i over et år uden at blive væsentlig bedre. Mit venstre ben, som jeg skal stå på, mens jeg udfører de 3 spark i træk, kan ikke holde balancen.

Jeg kunne måske anmode om at få lov til at stå på højre ben og udføre sparkene med venstre ben. Jeg kan godt holde balancen på højre ben mens jeg sparker med venstre. Men mit problem er nu, at jeg "taber benet", når jeg skal sparke bagud. Mit bagudrettede spark med venstre ben kan ikke gøre en flue fortræd.

Nå - pyt med det - så er jeg da heldigvis fri for at tænke på at skulle graduere én gang til. Så kan jeg i stedet koncentrere mig om at udvikle mig selv ved hjælp af karate. Jeg kan bedst lide Kata. Kata er en slags skyggeboksning, kampdans uden modstander. Kata kan også trænes med modstander.   Shotokan karate anvender 26 forskellige kataer. Når man har trænet på en kata mange gange kan den føles som bevægende meditation. Ligesom Tai Chi.

Jeg har altid interesseret mig for yoga. Da jeg var yngre læste jeg en masse bøger om yoga. Rajayoga, kriyayoga og hathayoga. Jeg har prøvet siddende meditation, men synes ikke rigtig, at det er noget for mig. At meditere kan være mange ting. Fx at sidde og gentage det samme ord (mantra), eller den samme sætning, mens man mediterer. Eller ikke at tænke på noget. Eller at trække vejret på en bestemt måde (pranayama). Det tiltaler mig, men min erfaring er, at jeg ret hurtigt bliver træt af det. Jeg foretrækker bevægende meditation. Tai Chi eller karate katas.

Jeg føler derimod, at jeg har gavn af at stå på hovedet, og på skuldrene. Og at sidde på gulvet og række hænderne frem til tåspidserne. Disse øvelser vil jeg blive ved med at lave.

Og jeg elsker at løbe en tur med mine hunde. Og hundene elsker at løbe en tur med mig. De daglige ture er 3-6 km. Med masser af pauser. Hundene skal have lov til at snuse, tisse mm. Det er også deres tur vi løber. Jeg vil løbe lidt hver dag. Det nytter ikke at sige til sig selv: "I dag er jeg for træt til at løbe. Jeg venter med at løbe til i morgen". I morgen er jeg måske dobbelt så træt. Og i overmorgen stadig lidt træt. Og før jeg ved af det, er jeg kommet ud af vanen med at løbe.

Sådan er det i alle livets forhold. Gode vaner glemmer man hurtigt. De dårlige vaner hænger ved.

Livets mening?

Jeg ved, at jeg bliver for højtravende, men jeg kan ikke lade være. Dette spørgsmål berører os alle.

Folk går i kirke for at finde livets mening. Søger fremmede østerlandske religioner, hvis den danske folkekirke ikke giver nok svar på spørgsmålene.

Fuldkommengørelse af sjælen må være livets mening mener mange. For når vi dør er der kun sjælen tilbage. Hvad nytter det at vi prøver at fuldkommengøre legemet, der blot forgår?

Jeg tror på, at fuldkommengørelse af legemet er ligeså vigtigt som fuldkommengørelse af sjælen. Jeg tror, at sjæl og legeme hænger mere sammen end vi aner. Jeg tror, at fuldkommengørelse af legemet er det første vigtige skridt på vejen til fuldkommengørelse af sjælen.

Før jeg trænede løb, drømte jeg jævnligt, at der var nogen efter mig, og jeg kunne ikke bevæge mig væk fra faren. Nu kan jeg løbe, når jeg drømmer, og jeg er ikke mere bange, når jeg drømmer!

Før jeg dyrkede karate, kæmpede jeg med modstandere, når jeg drømte. Nu drømmer jeg ikke om slåskamp mere, formentlig fordi min selvtillid er større nu.

Min psyke er blevet stærkere, også når jeg drømmer.

Jeg har engang læst, at det at dø er det samme som at drømme en drøm, der føles virkelig. Og måske er "skærsilden" ikke andet, end at leve videre med sine hæmninger efter døden.

Derfor mener jeg, at meningen med livet er fuldkommengørelse af sjælen gennem fuldkommengørelse af legemet. Jeg mener, at det er ligegyldigt hvor stærke, hurtige, smukke, intelligente eller åndelige vi er. Blot vi føler os stærke, hurtige, smukke, intelligente og åndelige. Og at vi føler, at vor udvikling går fremad.

Mindreværdskomplekser er som et lod om halsen, der trækker os nedad.

Vi er åndelige væsener, der selv har valgt at være her på jorden for at fuldkommengøre os. Vi må så hver især finde vores vej gennem livet. Og jeg tror at poliosygdommen har hjulpet mig med at finde min vej til tilfredshed, ro og lykke.

Min erfaring med polio gør også, at jeg har lært at økonomisere med mine kræfter. Jeg har lært at slappe af, når mit svage ben og min svage hofte siger fra. Jeg ved, at kræfterne kommer hurtigt igen. Jeg kender min krop, fordi jeg har været tvunget til at lytte til den.

Jeg ved, at jeg har været heldig, at polioen ikke har skadet mig mere end den gjorde. Jeg er taknemmelig for den styrke jeg har, og jeg er lykkelig.

Gid alle væsener må være lykkelige.